मधुबाला

सन् 1934–'35 में लिखित

इस पुस्तक के पहले तीन संस्करण 1936, 1938 और 1940 में सुषमा निकुंज, अगले तीन संस्करण 1943, 1944 और 1946 में भारती भंडार, और सातवाँ संस्करण 1951 में सेंट्रल बुक डिपो से प्रकाशित हुए थे।

राजपाल संस्करण	राजपाल संस्करण
आठवाँ—अगस्त 1956	चौबीसवाँ—जुलाई 2001
नौवाँ—दिसम्बर 1960	पच्चीसवाँ—फरवरी 2003
दसवाँ—मई 1962	छब्बीसवाँ—मई 2005
ग्यारहवाँ—फरवरी 1966	सत्ताईसवाँ—अक्तूबर 2006
बारहवाँ—सितम्बर 1970	अट्ठाईसवाँ—मई 2008
तेरहवाँ—जुलाई 1974	उनतीसवाँ—फरवरी 2010
चौदहवाँ—दिसम्बर 1976	तीसवाँ—अगस्त 2011
पन्द्रहवाँ—जुलाई 1980	इकत्तीसवाँ—जून 2012
सोलहवाँ—जून 1984	बत्तीसवाँ—फरवरी 2013
सत्रहवाँ—जुलाई 1989	तैंतीसवाँ—फरवरी 2014
अठारहवाँ—नवम्बर 1991	चौंतीसवाँ—फरवरी 2015
उन्नीसवाँ—दिसम्बर 1993	पैंतीसवाँ—अगस्त 2016
बीसवाँ—अगस्त 1995	छत्तीसवाँ—फरवरी 2018
इक्कीसवाँ—मार्च 1997	सैंतीसवाँ—नवम्बर 2019
बाईसवाँ—सितम्बर 1998	अड़तीसवाँ—जुलाई 2022
तेईसवाँ—मार्च 2000	उनतालीसवाँ—अक्टूबर 2023

₹ 225

ISBN : 9788170283560

MADHUBALA (Poetry) by Harivanshrai Bachchan

मुद्रक : जी. एस. ऑफसेट, दिल्ली

राजपाल एण्ड सन्ज़

1590, मदरसा रोड, कश्मीरी गेट, दिल्ली-110006

फोन : 011-23869812, 23865483, 23867791

website : www.rajpalpublishing.com

e-mail : sales@rajpalpublishing.com

www.facebook.com/rajpalandsons

मधुबाला

हरिवंशराय 'बच्चन'

राजपाल

अपने पाठकों से

(आठवें संस्करण की भूमिका)

'मधुबाला' का आठवाँ संस्करण प्रकाशित होने जा रहा है। स्वाभाविक है, इस बात से मुझे बड़ी प्रसन्नता है। नया संस्करण इस बात का सबूत है कि जनता मेरी यह रचना आज भी संग्रह करना चाहती है, पढ़ना चाहती है और इसका रस लेना चाहती है। जब कभी मुझे उनके समक्ष आने का अवसर मिला है, यानी कवि-सम्मेलनों या गोष्ठियों में, तो मैंने उसे 'मधुबाला' की कविताओं को सुनने के लिए उत्सुक पाया है। मैं उन सब लोगों के प्रति आभारी हूँ जिन्होंने मेरी इस रचना का आनन्द स्वयं लेकर औरों को भी इसका आनन्द लेने के लिए प्रेरित एवं प्रोत्साहित किया है। किसी भी पुस्तक के सबसे बड़े प्रचारक उसके पाठक होते हैं। उन्हीं की रसिकता और सहृदयता से यह रचना इतने दिनों से चाव के साथ पढ़ी जाती रही है, और मुझे आशा है, आगे भी पढ़ी जाती रहेगी।

'मधुबाला' की कविताओं की रचना 1934-35 में हुई थी, इसका प्रथम संस्करण 1936 में हुआ था। बीस-बाईस वर्ष का समय, विशेषकर तीव्र गति से भागते हुए आधुनिक युग में, जनता की रुचि-रुझान को परिवर्तित कर देने के लिए बहुत पर्याप्त है। फिर भी इन कविताओं की ओर जनता का आकर्षण घटा नहीं। कवि का आदर्श तो यही होना चाहिए कि वह काव्य के ऐसे रमणीय रूप का निर्माण करे जिसमें दिनानुदिन नवीनता का आभास होता रहे। यह बहुत ऊँची बात हुई। लेकिन यदि किसी रचना पर प्रायः चौथाई शताब्दी तक काल की छाया न पड़े तो भी वह थोड़ी-बहुत बधाई की पात्र तो समझी ही जाएगी।

प्रायः देखने में आता है कि दुनिया में कवि और प्रेमी के प्रति ईर्ष्या रखनेवाले, उनसे विरोध करने वाले जितने लोग पैदा हो जाते हैं उतने किसी और के प्रति नहीं :

प्रेमियों के प्रति रही है, हाय कितनी क्रूर दुनिया!

(निशा निमन्त्रण)

मेरी इन रचनाओं के प्रति भी बड़ा क्रोध-विरोध प्रकट किया गया था। जो

ज़बान चला सकते थे उन्होंने ज़बान चलाई, जो क़लम चला सकते थे उन्होंने क़लम चलाई—किन्हीं लोगों ने गद्य में, किन्हीं ने पद्य में। इनके ऊपर व्यंग्य-काव्य लिखे गए, पैरोडियाँ लिखी गईं—एक-एक कविता पर एक-एक नहीं, दो-दो, चार-चार। मेरे एक मित्र का कहना है कि मेरी कविताओं पर जितनी पैरोडियाँ लिखी गई हैं उतनी हिन्दी के शायद ही किसी कवि पर लिखी गई हों। शुरू-शुरू में इन आक्रमणों से मेरे मन को बड़ी चोट पहुँचती थी। सुना होगा, ऐसे ही कटु प्रहारों से अंग्रेज़ी कवि कीट्स को तपेदिक हो गया था, जिसने उन्हें असमय ही संसार से उठा लिया।

इहाँ कुम्हड़ बतिया कोउ नाहीं!

इनके विरुद्ध मेरी प्रतिक्रियाएँ जहाँ-तहाँ मेरी रचनाओं में मौजूद हैं। इनसे मेरे प्रेमी पाठकों को भी दुख होता था। बहुत-से मुझे सहानुभूति के पत्र लिखते थे। आज मैं इनसे कह सकता हूँ :

किन्तु अन्त में दुनिया हारी
और हमीं-तुम जीते!

(मिलन यामिनी)

एक बात का सन्तोष मुझे तब भी था। मेरी पुस्तकों की बराबर माँग रहती थी और जब सभा-सम्मेलनों में कविताएँ सुनाता था तो जनता उनमें रस लेती थी, उनपर झूमती थी। कविता से एक माँग मैंने हमेशा की है कि वह लिखनेवाले को आनन्द दे, सुनानेवाले को आनन्द दे, सुननेवाले को आनन्द दे, पढ़नेवाले को आनन्द दे, और कविता को आँख से नहीं, मुँह से पढ़ना चाहिए।

कवि और जनता का सम्बन्ध स्वस्थ काव्य के सृजन के लिए अत्यन्त आवश्यक है। यह सम्बन्ध तभी बना रह सकता है जब कवि आत्मविश्वासी हो और उसे जनता की सुरुचि में आस्था हो। जहाँ इसका अभाव है वहाँ तरह-तरह के विकार उत्पन्न हो जाते हैं—आप मेरी भूमिका लिख दीजिए, आप मेरी रचना पर सम्मति लिख दीजिए, आप मेरी समालोचना कर दीजिए; कविताएँ तो मैंने उच्च कोटि की लिखीं, पर जनता में उसे समझने की बुद्धि ही नहीं है, मुझे समझनेवाली जनता का अभी जन्म ही नहीं हुआ, मुझे तो लोग दो सौ बरस बाद समझेंगे, मेरी कविता इतनी मौलिक है कि उसे परखने के लिए एक विशेष वर्ग का पाठक चाहिए, आदि-आदि। इसका सबसे विकृत रूप आज अनेक ऐसे कवियों में देखा जाता है जिनके पाठक तो हैं तीन, पर समालोचक तेरह! उनकी कविताओं की चर्चा निर्जीव स्याही से, मुर्दा कागज़ों पर तो बहुत होती है, पर सजीव धड़कते हुए हृदय से उनकी प्रतिध्वनियाँ नहीं आतीं।

मुझे अपने देशवासियों की, हिन्दीभाषियों की, हिन्दी पाठकों की, हिन्दी काव्यप्रेमियों की रुझान, रुचि तथा रसिकता में विश्वास रहा है। इस कारण मैंने उनके सामने अपनी कविता रख दी है और चुप रहा हूँ। उसमें यदि कुछ है तो

वे खुद देखेंगे, परखेंगे, उसका आनन्द लेंगे। अगर नहीं है तो साक्षात् सरस्वती की सौगन्ध खाने से भी न मानेंगे। प्रजातन्त्र की स्वतन्त्रता साहित्य के राज्य का अजेय सिद्धान्त है। वहाँ न तानाशाही चलती है और न गुरुडम चलता है। जनता ने मेरी कविता से जो प्राप्त किया है वही वास्तव में मेरा दान है—शेष मेरा दम्भ है, मेरी असफलता है। जो उन्हें नहीं मिला, उसके देने की साखी स्वयं चित्रगुप्त भी भरें तो मुझे विश्वास नहीं होगा। मेरा दावा इसके अलावा कुछ नहीं है कि मैं एक जीवित, जाग्रत, संवेदनशील जनसमूह के साथ हूँ, कभी अपने अन्तःस्वर से उसे मुखरित करते, कभी उसके अन्तःस्वर से स्वयं मुखरित होते।

जिन दिनों मैं मधुबाला की कविताएँ लिख रहा था, उन दिनों छायावाद के विरोध में प्रगतिवाद की चर्चा यत्र-तत्र सुनाई पड़ने लगी थी। एक प्रगतिशील महोदय ने मुझसे एक दिन कहा, "बच्चन जी, आप जनवादी कविताएँ क्यों नहीं लिखते?" मैंने कहा, "मैं तो जनवादी कविताएँ ही लिखता हूँ। जनवादी कविता वह कविता है जिसको जनता पढ़े, सुने, अपनाए। काव्य-प्रेमी जनता वाद-विवाद के चक्कर में नहीं पड़ती, यह तो समालोचकों के चोंचले हैं; वह तो देखती है कि रचना में रस है कि नहीं।" और जिसे प्रगतिवादी युग कहा जाता है उसमें यही कविताएँ सबसे अधिक पढ़ी, सुनी, गाई जाती रही हैं।

खैर, 'मधुबाला' के नये पाठक से मैं सिर्फ़ इतना और कहना चाहूँगा कि आपने इस पुस्तक से जो प्रत्याशाएँ की हों, वे पूरी हों। अगर इसके पहले आपने 'मधुशाला' नहीं पढ़ी तो पहले उसे पढ़ लीजिए, तब इसे पढ़िए। फिर 'मधुकलश' पढ़िए।

अन्त में इस पुस्तक के प्रूफ़ देखने के लिए मैं अपने शिष्य और सहयोगी श्री अजित शंकर चौधरी का आभारी हूँ।

—बच्चन

जुलाई, 1956
77, साउथ एवेन्यू, नई दिल्ली

मधुबाले,

उस दिन मेरी और अपनी अश्रु-धारा के संगम पर तूने मुझे विश्वास दिलाया था कि तुझे सूनी, अँधेरी और भयावनी मधुशाला से मेरी आर्त पुकार सुन पड़ी थी और तू ही मधु को सागर-तट से लौटा लाई थी, जहाँ वह मुझसे ऊबकर पुनः अपने को सिंधु-तरंगों में विलीन कर देने के लिए तुझे साथ लेकर चला गया था।

मेरी पुकार में भी इतनी शक्ति है। इसी विश्वास से जी सका था। यद्यपि अब जीवन अभिशाप ही है, तो भी अपने जीवन से सम्बद्ध चिर-सरल मूर्तियों का ध्यान कर, कृतज्ञता-ज्ञापन के रूप में अपनी यह कृति दृगों के तरल, नीरव, नम्र आशीर्वाद के साथ तुझे समर्पित करता हूँ। मानता हूँ, विश्व के जीवन में मधु का और तेरा सदा स्थान रहे।

22 दिसम्बर, 1935

चिर-कृतज्ञ

मैं

सूची

प्रलाप

उषा प्रति प्रभात में नई साड़ी पहनकर प्राची के प्रांगण में पदार्पण करती है। उसके सस्मित नयनों में रहती है आशा और विश्वास की आभा; आज तो मेरा परिधान सम्भवतः अवश्य ही पसन्द किया जाएगा—इसी विचार की छाया-सी। परन्तु, क्षण-भर में उसे देखकर कोई जैसे कह देता है, नहीं, यह मुझे पसन्द नहीं, कोई दूसरी साड़ी पहनकर आ। और, उषा लौट जाती है, दूसरे दिन एक नूतन पट धारण कर उपस्थित होने की तैयारी करने!

मार्तंड उदय होता है, अपने प्रकाश का भंडार लिए। अपने अगणित करों से दिन भर अवनि और अंबर को ज्योतिर्मय बनाने का अविरल प्रयत्न करता है और सन्ध्या को कोई प्राची के क्षितिज से बोल उठता है, आज भी पृथ्वी पर न जाने कितने स्थानों पर अन्धकार ही छाया रह गया। और, सूर्य चला जाता है लज्जारक्त मुख लेकर, दूसरे दिन और भी अधिक लगन के साथ वसुन्धरा का आँचल प्रकाश से भरने की तैयारी करने!

यामिनी आती है। सारी रात गगन-अट्टालिका को दीपमाला से सुसज्जित करती रहती है। एक-एक दीप यही कहता-सा रहता है कि आज की सजावट तो अवश्य ही प्रियतम को लुभा लेगी। परन्तु, प्रभात में प्राची के वातायन से कोई मुसकराकर कह जाता है, आज का शृंगार भी मेरे मन का न हो सका। अश्रु-बिन्दुओं से भू के तृण-तृण को भिगोकर यामिनी विदा लेती है, दूसरी रात्रि में गगन-प्रासाद के दीपों को किसी अन्य प्रकार से सजाने की आयोजना करने!

पृथ्वी अपने अजिर में वसन्त मनाती है। तरु-तरु में नव पल्लव लगाती है, लता-लता को कुसुमित करती है। ग्रीष्म आता है, डाल-डाल फलों से लद जाती है। वर्षा आती है और पृथ्वी की हरित राशि को धोकर मरकत की छवि दे जाती है। शरद की चाँदनी में प्रति पल्लव चमक-चमक कर कहता है, क्या पृथ्वी की इस विभा पर भी प्रियतम न रीझेगा? हेमन्त का समीर मन्द ह्रास करता हुआ कह जाता है, इस वसन्त में भी न जाने कितने तरु पत्रहीन ही रह गए। इस ग्रीष्म में भी न जाने कितने फल पकने के पूर्व ही गिर गए। इस वर्षा में भी न जाने

कितनी भूमि प्यासी ही रह गई और इस शरद में भी न जाने कितने दग्ध स्थल शीतलता से वंचित ही रहे। शिशिर पत्ता-पत्ता तोड़कर गिरा देता है और पृथ्वी फिर से ऋतुराज का नव स्वप्न देखने लगती है!

और, इसी प्रकार मानव भी शीघ्रता के साथ अबोध बचपन की धूलि-क्रीड़ा, सरल बालकाल की चपलता और उग्र यौवन की उच्छृंखलताओं से अपने जीवन को विकसित करता हुआ शान्त वृद्धावस्था की गम्भीरता को प्राप्त होता है और सांसारिक अनुभवों के भार से लदी हुई अपनी पलकों को सहज ही मूँदकर पूछता है, 'क्या मेरा यथेष्ट विकास हो चुका?' और, उसके हृदय में ही बैठा हुआ कोई अपने नीरव स्वर में कह देता है, 'अभी कहाँ!' इसे सुनते ही उसका शरीर फिर से उन्हीं धूलिकणों में खेलने लगता है, जहाँ से उसने अपना जीवन प्रारम्भ किया था।

प्रति पल परिवर्तन, प्रति प्रहर परिवर्तन, प्रति दिवस परिवर्तन, प्रति मास परिवर्तन, और प्रति वर्ष और प्रति युग और सदा परिवर्तन!

एक दिन उसे भी बताया गया था कि परिवर्तन जीवन का चिह्न क्यों है?' उत्तर मिला, 'परिवर्तन जीवन का चिह्न इसलिए है कि जीवन अपूर्ण है। जो पूर्ण है उसे परिवर्तन की आवश्यकता नहीं। समस्त संसार विविध परिवर्तनों में होता हुआ पूर्णता की ओर जा रहा है।'

मनुष्य के कानों में इसके बहुत पूर्व कि वह उनको समझ सके, उनकी परीक्षा कर सके और उनका अनुभव कर सके, अनेकानेक बातों की भनक डाल दी जाती है। मानवता उन्हें हृदयंगम कर चुकी, उनकी जाँच पड़ताल कर चुकी और उनसे पूर्ण परिचित हो चुकी। वह अपनी अज्ञान सन्तान को अपने चिर-प्रयोग, चिर-प्रयत्न और चिर-साधना से प्राप्त सम्पत्ति प्रदान करने के लिए सदा उत्सुक रहती है। छोटा-सा उदाहरण है। माँ बच्चे से कहती है, 'आग मत छुओ, उँगलियाँ जल जाएँगी।' संसार के अगणित बच्चे माँ के इस कथन पर विश्वास कर आग से बच जाते हैं। कुछ बच्चे ऐसे भी होते हैं जो बिना आग से अपनी उँगली जलाए यह नहीं सीखते—नहीं सीखना चाहते। वह ऐसा ही बच्चा रहा होगा। प्रश्न यह नहीं है कि कौन बच्चा अच्छा है और कौन बुरा, यद्यपि, यदि उनकी माँ से पूछा जाय तो वह उनके जैसे बच्चे को बुरा ही कहेगी।

उसने न माना कि जीवन अपूर्ण है। वह विशुद्ध हृदय से यह विश्वास लेकर जीवन-पथ पर बढ़ा कि जीवन पूर्ण है। इस विश्वास के साथ वह कितनी दूर जा सकता था! कितनी पीड़ाओं को सहकर उसने सीखा कि कोमल कुसुमों की डाल काँटों से भरी है और शीतल चन्दन के वृक्ष में विषधर सर्प लिपटे हैं। कितने आँसू बहाकर उसने सीखा कि प्रणय के अन्दर संघर्ष छिपा है तथा त्याग के पीछे स्वार्थ बैठा है। कितनी आहें भरकर उसने सीखा कि सत्य, शिव और सुन्दर इस विश्व

में एक-दूसरे से कितनी दूर हैं और वह कितना आश्चर्यचकित हुआ यह देखकर कि इस संसार में पाप और पुण्य का ही विरोध नहीं! इतना ही होता तो पुण्य कब का पाप के ऊपर विजयी हो गया होता। यहाँ पुण्य का पुण्य से विरोध है। न्याय न्याय का विरोध कर रहा है और सत्य सत्य में युद्ध हो रहा है, संग्राम हो रहा है—भीषण—अति भीषण!

जल गईं उँगलियाँ, जल गया शरीर और जल गया हृदय। जान लिया उसने कि जग और जीवन अपूर्ण हैं। पर उसने इस अपूर्णता के सामने शीश न झुकाया। मन में यौवन था, तन में यौवन था, रोम-रोम में यौवन था! जलते हुए हृदय की ज्वालाओं से भी विश्व के अन्धकार में यदि कोई मार्ग दिखाई पड़े तो वह उसकी ओर पाँव बढ़ाने को तैयार था!

उसके दग्ध हृदय के प्रकाश में सोने की मधुशाला चमक उठी, उसने मधुघट से प्यालों में गिरती मदिरा की 'कल्-कल्, छल्-छल्' सुनी, उसने मधु वितरण करने वाली मधुबाला के पग-पायलों की 'रुन्-झुन्', 'रुन्-झुन्' सुनी। उसके चारों ओर मधु-गन्ध गमक उठी और पीनेवालों की चहक गुंजित हुई। उसने अपने चारों ओर कल्पना का विस्तृत संसार बसा लिया। सुषमा ने अनेक मधुबालाओं के रूप में मूर्तिमान होकर उसे धर लिया। उसके हाथों में जो प्याला आया उसपर न जाने कितने मरकत पात्र निछावर हो सकते थे। उसकी मदिरा माणिक-राशि की आभा को भी लज्जित करती थी। उसकी अमूर्त सुगन्ध की तुलना किससे की जाए। सारा दृश्य था अनुपम, अद्वितीय, अलौकिक! वह उन्मत्त हो उठा। गान करने लगा—मैंने अपने स्वप्नों से अपने अपूर्ण संसार को पूर्ण कर लिया!

हृदय में कोई कह-कह उठता, जिसका स्वप्न इतना उन्मादक है उसकी सत्ता कितनी उन्मादिनी होगी! पर वह आगे न बढ़ता था। दूर के न जाने कितने स्वप्न निकट पहुँचने पर मृगजल के समान अन्तर्धान हो चुके थे। वह अपने को स्वप्न में, भ्रम में रखकर भी अपने मन के सन्तोष का भूखा था। उसने कहा था 'साक़ी, मेरे पास न आना।' वह तो पीने के स्वप्न से ही तृप्त था, वह तो 'प्यासा ही' रहकर 'मस्त' था। वह जानता था कि उसके स्वप्न संसार की वास्तविकता के साथ सहयोग न कर सकेंगे। इसलिए पीने के अरमान को ही उसने प्राप्ति-सुख समझ रक्खा था! कहता था, 'पा जाता तब, हाय, न इतनी प्यारी लगती मधुशाला!'

नियति का विधान कुछ और ही था। उसने अपने मन पर संयम रक्खा, पर मधुबाला न रख सकी। आ गयी उसके पास अपना हाड़-मांस का शरीर लिए, मिट्टी में मिल गई, स्वर्ग खंडहर मात्र रह गया, नन्दन उजाड़ हो गया। उसका चिर संचित स्वप्न भग्न हो गया। उसके चिर असन्तुष्ट जीवन का अन्तिम आश्रय भी उसे निराश कर गया। उफ, इतने बड़े संसार में मेरे सन्तोष के लिए एक भी वस्तु नहीं—वह चीख पड़ा।

मधुबाला ने उसको प्यार किया, उसके सिर पर हाथ फेरा, बोली, 'देखो, यह मधु है। इसी के ध्यान में तुम इतने दिनों तक घुलते रहे हो। लो, इसे पान करो।'

उसने अपना मुँह फेर लिया।

मधुबाला फिर-फिर पात्र अधरों तक लाई। आँखों में आँसू भर-भरकर उसने उसकी मनुहार की। उसके ऊपर अपने अंचल की छाया की, पर वह उस पात्र में केवल अपने अश्रुबिन्दु ही गिरा सका।

एक दिन बीता, दो दिन बीते, तीन दिन बीते।

वह सोचता—सम्भव है मेरा भ्रम हो। यदि वह स्वप्न नष्ट हो गया तो सम्भव है यह भी स्वप्न हो। सम्भव है सत्य किसी दिन इन्हीं जर्जर स्वप्नों से निकल पड़े। सम्भव है सीपी के फट जाने पर मुक्ता के दर्शन हों। वह प्रतिदिन मदिरालय जाता और प्रतिदिन अधरों के नीचे रक्खी मदिरा की प्याली उसकी अश्रुधार से भरकर उमड़ती। आ गया वह दिन भी!

वह मदिरालय के सामने पहुँचा। अन्धकार था! वह भीतर चला गया। सन्नाटा था! खोज डाला उसने मदिरालय का कोना-कोना। कहाँ गया मधु! कहाँ गई मधुबाला! पागलों की भाँति उसने एक-एक खिड़की, एक-एक दरवाजा, एक-एक पर्दा खोज डाला। पर वे कहाँ!

उसे एक पत्र मिला, जिसपर लोहू से लिखा हुआ था, 'हम तुम्हारे योग्य नहीं हो सके, हम अपने को पुनः सागर की तरंगों में विलीन करने जा रहे हैं! विदा!'

ज़मीन उसके पाँवों के तले से खिसक गई। यह नहीं हो सकता। केवल उपहास है। वह चिल्लाया, 'मधु रे! मधुबाले!'

कोई नहीं बोला।

हः हः हः हः हः हः! हः हः हः हः हः हाः!!

हँस पड़ी मदिरालय की दीवार की एक-एक ईंट। उस हास्य में कितनी भयंकरता थी, कितना व्यंग्य था!

उसने फिर पुकारा, 'मधु रे! मधुबाले!!'

कोई नहीं बोला।

बोलीं कौन, मदिरालय की दीवारें, मदिरालय के दरवाज़े, 'ओ कल्पना के पागल!—वे गए!' 'ओ स्वप्नों के अभिमानी!—वे दूर गए!'—वे गए—वे गए—वे गए के स्वर से एक साथ ही जैसे सारा संसार कोलाहल कर उठा। उस समय उसके हृदय की दशा को न कोई जान सकता है, न कोई कह सकता है, न कोई समझ सकता है।

प्रति पल अपने स्वप्न-संसार के सामने सत्य संसार को असत्य समझनेवाला अपने सारे स्वप्नों को पल-मात्र में भूल गया। चतुर्दिक अग्नि ज्वालमाला से घिरे हुए बच्चे के समान वह चीख पड़ा, मैं अपने मधु को चाहता हूँ। अपनी मधुबाला

को चाहता हूँ, वे जैसे हैं, मैं उन्हें वैसे ही चाहता हूँ!...पर उत्तर में उसे यही सुन पड़ा—वे गए, वे गए, वे गए! चल पड़ा वह भी सागर तट की ओर, सोचता—या तो उन्हें लौटाकर लाऊँगा या लौटकर नहीं आऊँगा!

मार्ग में लौटी आ रही थी मधुबाला मधु को साथ लिए। लिपट पड़ा वह उससे और विसुध हो गया!

रात कैसे बीती, उसे ज्ञात नहीं। सबेरे वह मधुबाला की गोद में था, उसके अधरों के नीचे मधु था। हृदय की भावाकुलता वह अपने सजल स्वरों में केवल यही कह-कहकर व्यक्त कर सकता था—मैंने कहा, मधु रे! मधुबाले! हाय रे, कोई नहीं बोला!...

और मधुबाला उसके आँसुओं के साथ अपने आँसू एक करके उसे विश्वास दिलाती थी कि बोला कैसे नहीं, मैंने तुम्हारी आवाज़ सिन्धु तट पर सुनी थी और उसे सुनकर ही मैंने वहीं से कहा था कि मैं आ रही हूँ, और मधु को लौटा ला रही थी।

सात दिन और सात रात वह अपनी आँखों से अविरत-अविरल अश्रुधार बहाता रहा। प्रतिज्ञा जैसे कर ली थी कि इन आँखों से बहा दूँगा उन सारे स्वप्नों को, जिनके कारण वह वास्तविकता का मूल्य नहीं समझ सकता था। प्यार करने लगा वह मधु को, मधुबाला को—उनके स्वप्निल नहीं वास्तविक रूप को। वे उस रूप में भी कितने प्रिय थे!

पर दुर्भाग्य! वह वास्तविकता को कितने दिन प्यार कर सका! उसके असम्भव स्वप्न फिर लौट पड़े, उसके आँसुओं से और भी धुलकर, निर्मल होकर, स्पष्ट होकर। उनकी तुलना में वास्तविकता कैसे ठहर सकती! मधु तो पृथ्वी पर ही उत्पन्न हुए अंगूरों का रस है। प्याला तो जड़ मृत्तिका का ही अन्य रूप है। मधुबाला तो इसी भूमि की मिट्टी की देह धारण करनेवाली मूर्ति है। संसार के लिए भले ही एक में सरसता, दूसरे में मादकता और तीसरे में आकर्षण हो, पर उस असम्भव स्वप्नों से विक्षिप्त बना दिए गए व्यक्ति को तो मधु से उस समय भी सन्तोष न होता, यदि उसमें सृष्टि की प्रथम उषा की लाली भर दी गई होती और उसे नन्दन-कानन के पारिजात पुष्प समूह की गन्ध से सुवासित कर दिया गया होता? उसे मधु का प्याला उस समय भी सन्तुष्ट न कर सकता, यदि वह नभ-नील-नीलम से निर्मित होता और उस पर नक्षत्रों से भी अधिक द्युतिमान मणियां जड़ी हुई होतीं। उसे मधुबाला उस समय भी अपनी ओर आकृष्ट न कर सकती, यदि वह मधुकलश-विभूषित सिन्धु-कन्या रम्भा की प्रतिमूर्ति ही क्यों न होती—अपने उस काल की सम्पूर्ण अभिनव विभा के साथ जब वह समुद्र-फेन को फाड़कर सुन्दरता, सुकुमारता और उन्मत्तता का सन्देश देती हुई ऊपर उठी थी।

उसके प्रथम स्वप्न में सत्ता का विश्वास था। सत्ता की कल्पना कल्पना की

सत्ता से कहीं अधिक वैभवपूर्ण थी। परन्तु आज वह जानता है कि उसके स्वप्नों का आदि और अन्त उसके ही अन्दर है। इस मिथ्या की मनोमुग्धकारी भुलभुलैया में उसे क्यों डाल दिया गया है? उसे वह प्यास क्यों दी गई है, जिसकी तृप्ति का साधन कहीं नहीं है और जिसका ध्येय उसे केवल प्यासा ही रखना है? वह काल्पनिक नहीं होना चाहता, वह स्वप्नों का धनी नहीं होना चाहता, वह कवि नहीं होना चाहता। वह चाहता है कि उसके ये सपने उसका पिंड छोड़ दें, जिससे वह जीवन की वास्तविकताओं से कुछ अनुराग बढ़ा सके, उनका कुछ मूल्य जान सके, उनका कुछ सम्मान कर सके, और उनका कुछ स्वाद ले सके। वह सतत प्रयत्न कर इन स्वप्नों को दूर हटाता है, उनसे निकल भागने का प्रयत्न करता है, पर उनका ऐंद्रजालिक बन्धन उसे कहीं से भी ढीला होता नहीं प्रतीत होता। वह असमर्थ है, लाचार है, दुखी है, चिन्तित है।

उसे जिस मदिरा की प्यास है, उसके अभाव में तृष्णा उसी के रक्त को पी रही है, उसकी त्वचा के छिद्र-छिद्र से अपने सूक्ष्म अधरों को लगाकर उसका शोषण कर रही है, उसे निःशेष कर रही है। उसका क्रंदन गान बनकर विश्व में गूँज रहा है। क्रंदन करने की उसे आवश्यकता है, क्रंदन न करे तो क्षण-भर भी जी नहीं सकता। जीवन उसके लिए आनन्द नहीं, कर्त्तव्य है। यदि जीवन का कर्त्तव्य न होता तो वह मौन ग्रहण कर लेता और यह मौन उसे शीघ्र ही चिर मौन की शरण में भेज देता।

दुखिया जीवन के एकान्त पथ पर स्वच्छन्दता से क्रंदन भी नहीं करने पाता। संसार बार-बार उसके मार्ग में आकर उससे पूछता है, 'क्यों जी, तुम पीते भी हो मदिरा?' उसे वह क्या उत्तर दे? समझ सकने की शक्ति हो तो समझे, उसके पास वह मदिरा है, जो उसे ही पीती है।

संसार उससे पूछता है, दाँत निकालकर, सिर तिरछा करके, 'हः हः, तुमने कितनी पी है?' मूढ़ को प्रश्न करना भी नहीं आता। नादान, उससे ये पूछ कि तुझे कितनी प्यास है, कितनी तृष्णा है? तेरे उर में, कितनी ज्वाला है, कितनी जलन है?

उदर की ही क्षुधा को क्षुधा समझनेवाला संसार गली-गली कहता फिरता है, 'भूखे भजन न होय गोपाला।' झूठ। भूखे रहकर ही भजन होता है। प्यासा ही गान कर सकता है—तृप्ति मौन है। तृष्णा के ही मुख में जिह्वा, कंठ में स्वर और उर में श्वास है। मरु के कण-कण में सजल गान के स्रोत हैं। यदि इस बात को तू समझ सकता है तो तू उसे भी समझ सकेगा।

उसका तो प्रत्येक स्वर उसके जीवन की प्रतिध्वनि है। उसका जीवन कितना सूक्ष्म है, कितना विशाल है! तू तो उसके 'बावन' अंगुल के भौतिक शरीर के जीवन से भी अनभिज्ञ है, अपरिचित है और वह अपने स्वप्नों के जीवन में अपने 'पग'

ही नहीं, अपने कर, चक्षु, कर्ण, नासिका, रसना—सभी को विराट रूप देकर त्रिभुवन के ही नहीं, त्रिकाल के भी ओर-छोर की माप कर आता है! और, स्वप्नों का जीवन उसके लिए उतना ही सत्य है जितना भौतिक। सम्भवतः वह अपने स्वप्नों के जीवन को ही अपने जीवन का मुख्य भाग समझता है और भौतिक जीवन को गौण। देखते नहीं कि उसका एक हाथ उपवन में खिली चमेली का हिमकण हार उतार रहा है और दूसरा हाथ भविष्य के तपोमय साम्राज्य में निर्भीकता के साथ प्रविष्ट होकर उषा की साड़ी खींच रहा है? देखते नहीं कि उसका एक कान निर्झरिणी की रागिनी श्रवण कर रहा है और दूसरा कान इन्द्र के अखाड़े में खड़े हुए गन्धर्व, किन्नर और अप्सराओं के आलाप का आनन्द ले रहा है? देखते नहीं कि उसकी एक आँख अतीत की दुर्गम सीमाओं का अतिक्रमण कर सृष्टि की प्रथम उषा की लाली से अपनी मदिरा की तुलना कर रही है और दूसरी आँख उस अन्धकार को भी देख रही है जिसके अन्दर दिनकर की तमहर किरणें भी किसी समय छिप जाएँगी?

समझ सकेगा उसे कोई? आज तक संसार ने एक भी कवि को नहीं समझा, उसकी कविता वह भले ही समझने का दावा करे।

संसार बहुत प्रसन्न हुआ तो कहता है, 'उसे काव्य-प्रतिभा का वरदान है।' यहाँ भी वह भूल करता है। कवित्व दैव का सबसे बड़ा दंड है। न जाने किस महान अपराध के लिए मानव को वह दिया जाता है। वह दूसरे के संसार को ले नहीं सकता, अपने संसार को पा नहीं सकता। विधाता जिसको सब प्रकार वंचित करना चाहता है, उसे ही यह दंड देता है।

संसार में फिर भी इस अपराधी की इतनी पूछ क्यों है?

मधुबाला

मधुवर्षिणि,
मधु बरसाती चल,
बरसाती चल,
बरसाती चल।
झंकृत हों मेरे कानों में,
चंचल, तेरे कर के कंकण,
कटि की किंकिणि,
पग के पायल–,
कंचन पायल,
'छन्-छन्' पायल।
मधुवर्षिणि,
मधु बरसाती चल,
बरसाती चल,
बरसाती चल।

मधुबाला

1

मैं मधुबाला मधुशाला की,
मैं मधुशाला की मधुबाला!
मैं मधु-विक्रेता को प्यारी,
मधु के घट मुझ पर बलिहारी,
प्यालों की मैं सुषमा सारी,
मेरा रुख देखा करती है
मधु-प्यासे नयनों की माला।
मैं मधुशाला की मधुबाला!

2

इस नीले अंचल की छाया
मैं जग-ज्वाला का झुलसाया
आकर शीतल करता काया,
मधु-मरहम का मैं लेपन कर
अच्छा करती उर का छाला।
मैं मधुशाला की मधुबाला!

3

मधुघट ले जब करती नर्तन,
मेरे नूपुर के छम-छनन
में लय होता जग का क्रंदन,
झूमा करता मानव-जीवन
का क्षण-क्षण बनकर मतवाला।
मैं मधुशाला की मधुबाला!

4

मैं इस आँगन की आकर्षण,
मधु से सिंचित मेरी चितवन,
मेरी वाणी में मधु के कण,
मदमत्त बनाया मैं करती,
यश लूटा करती मधुशाला।
मैं मधुशाला की मधुबाला!

5

था एक समय, थी मधुशाला,
था मिट्टी का घट, था प्याला,
थी, किंतु, नहीं साक़ीबाला,
था बैठा ठाला विक्रेता
दे बंद कपाटों पर ताला।
मैं मधुशाला की मधुबाला!

6

तब इस घर में था तम छाया,
था भय छाया, था भ्रम छाया,
था मातम छाया, ग़म छाया,
ऊषा का दीप लिए सिर पर
मैं आई, करती उजियाला।
मैं मधुशाला की मधुबाला!

7

सोने की मधुशाला चमकी,
माणिक द्युति से मदिरा दमकी,
मधुगंध दिशाओं में गमकी,
चल पड़ा लिए कर में प्याला
प्रत्येक सुरा पीनेवाला।
मैं मधुशाला की मधुबाला!

8

थे मदिरा के मृत-मूक घड़े,
थे मूर्ति सदृश मधुपात्र खड़े,
थे जड़वत् प्याले भूमि पड़े,
जादू के हाथों से छूकर
मैंने इनमें जीवन डाला।
मैं मधुशाला की मधुबाला!

9

मुझको छूकर मधुघट छलके,
प्याले मधु पीने को ललके,
मालिक जागा मलकर पलकें,
अँगड़ाई लेकर उठ बैठी
चिर सुप्त-विमूर्च्छित मधुशाला।
मैं मधुशाला की मधुबाला!

10

प्यासे आए, मैंने आँका,
वातायन से मैंने झाँका,
पीनेवालों का दल बाँका,
उत्कंठित स्वर से बोल उठा,
'कर दे पागल, भर दे प्याला!'
मैं मधुशाला की मधुबाला!

11

खुल द्वार गए मदिरालय के,
नारे लगते मेरी जय के,
मिट चिह्न गए चिंता-भय के,
हर ओर मचा है शोर यही,
'ला-ला मदिरा, मदिरा ला-ला!'
मैं मधुशाला की मधुबाला!

12

हर एक तृप्ति का दास यहाँ,
पर एक बात है खास यहाँ,
पीने से बढ़ती प्यास यहाँ,
सौभाग्य मगर, मेरा देखो,
देने से बढ़ती है हाला।
मैं मधुशाला की मधुबाला!

13

चाहे जितनी मैं दूँ हाला,
चाहे जितना तू पी प्याला,
चाहे जितना बन मतवाला,
सुन, भेद बताती हूँ अन्तिम,
यह शांत नहीं होगी ज्वाला।
मैं मधुशाला की मधुबाला!

14

मधु कौन यहाँ पीने आता,
है किसका प्यालों से नाता,
जग देख मुझे है मदमाता,
जिसके चिर तंद्रिल नयनों पर
तनती मैं स्वप्नों का जाला।
मैं मधुशाला की मधुबाला!

15

यह स्वप्न-विनिर्मित मधुशाला,
यह स्वप्न-रचित मधु का प्याला,
स्वप्निल तृष्णा, स्वप्निल हाला,
स्वप्नों की दुनिया में भूला
फिरता मानव भोलाभाला।
मैं मधुशाला की मधुबाला!

मालिक-मधुशाला

1

मैं ही मधुशाला का मालिक,
मैं ही मालिक-मधुशाला हूँ!
मधुपात्र, सुरा, साक़ी लाया,
प्याली बाँकी-बाँकी लाया,
मदिरालय की झाँकी लाया,
मधुपान करानेवाला हूँ।
मैं ही मालिक-मधुशाला हूँ!

2

आ देखो मेरी मधुशाला,
साक़ीवालाओं की माला,
मधुमय प्याली, मधुमय प्याला,
मैं इसे सजानेवाला हूँ।
मैं ही मालिक-मधुशाला हूँ!

3

जब ये मधु पी-पीकर छलकें,
देखो इनकी पुलकित पलकें,
कल कंधों पर चंचल अलकें,
मैं देख जिन्हें मतवाला हूँ।
मैं ही मालिक-मधुशाला हूँ!

4

इनके मदिराभ अधर देखो,
मृदु कर, कमनीय कमर देखो,
कटि-किंकिण पद-घूँघर देखो,
मैं मन को हरनेवाला हूँ।
मैं ही मालिक-मधुशाला हूँ!

5

सब चलीं लिए मधुघट देखो,
'झरझर' लहराते पट देखो,
'झिलमिल' हिलते घूँघट देखो,
मैं चित्त चुरानेवाला हूँ।
मैं ही मालिक-मधुशाला हूँ!

6

वे देतीं प्याले चूम-चूम,
वे बाँट रहीं मधु घूम-घूम,
वे झुक-झुककर, वे झूम-झूम,
मदमत्त बनानेवाला हूँ।
मैं ही मालिक-मधुशाला हूँ!

7

पीने वाले हैं बड़े-बड़े,
देखो, पीते कुछ खड़े-खड़े,
कुछ बैठ-बैठ, कुछ पड़े-पड़े,
यह सभा जुटानेवाला हूँ।
मैं ही मालिक-मधुशाला हूँ!

8

कुछ आते हैं अरमान-भरे,
कुछ जाते हैं एहसान-भरे,
कुछ पीते गर्व-गुमान-भरे,
मन सबका रखनेवाला हूँ।
मैं ही मालिक-मधुशाला हूँ!

9

अब चिंताओं का भार कहाँ,
अब क्रूर-कठिन संसार कहाँ,
अब कुसमय का अधिकार कहाँ,
भय-शोक भुलानेवाला हूँ।
मैं ही मालिक-मधुशाला हूँ!

10

अब-ज्ञान कहाँ, अज्ञान कहाँ,
अब पद-पदवी का ध्यान कहाँ,
अब जाति-वंश अभिमान कहाँ,
सम भाव बनानेवाला हूँ?
मैं ही मालिक-मधुशाला हूँ!

11

हो मस्त जिसे होना, आए,
जितने चाहे साथी लाए,
जितनी जी चाहे पी जाए,
'बस' कभी न कहनेवाला हूँ।
मैं ही मालिक-मधुशाला हूँ!

12

आओ सब-के-सब साथ चले,
सब एक खाक ही के पुतले,
क्या ऊँच-नीच, क्या बुरे-भले,
मैं स्वागत करनेवाला हूँ।
मैं ही मालिक-मधुशाला हूँ!

13

आओ, आओ, मत शरमाओ,
क्या सोच रहे हो? बतलाओ,
है दाम नहीं, मत पछताओ,
मैं मुफ्त लुटानेवाला हूँ।
मैं ही मालिक-मधुशाला हूँ!

14

मैं पूछ-पूछ मदिरा दूँगा,
आशीष-दुआ सबकी लूँगा,
सबको खुश कर मैं खुश हूँगा,
जी खुश कर देनेवाला हूँ।
मैं ही मालिक-मधुशाला हूँ!

15

कटु जीवन में मधुपान करो,
जग के रोदन को गान करो,
मादकता का सम्मान करो—
यह पाठ पढ़ानेवाला हूँ।
मैं ही मालिक-मधुशाला हूँ!

मधुपायी

1

मधु-प्यास बुझाने आए हम,
मधु-प्यास बुझाने हम आए!
पग-पायल की झनकार हुई,
पीने को एक पुकार हुई,
बस हम दीवानों की टोली
चल देने को तैयार हुई,
मदिरालय के दरवाजों पर
आवाज़ लगाने हम आए।
मधु-प्यास बुझाने आए हम,
मधु-प्यास बुझाने हम आए!

2

हमने छोड़ी कर की माला,
पोथी-पत्रा भू पर डाला,
मन्दिर-मस्जिद के बन्दीगृह
को तोड़, लिया कर में प्याला
औ' दुनिया को आज़ादी का
सन्देश सुनाने हम आए।
मधु-प्यास बुझाने आए हम,
मधु-प्यास बुझाने हम आए!

3

क्रोधी मोमिन हमसे झगड़ा,
पंडित ने मंत्रों से जकड़ा,
पर हम थे कब रुकनेवाले,
जो पथ पकड़ा, वह पथ पकड़ा,
पथ-भ्रष्ट जगत को मस्ती की
अब राह बताने हम आए।
मधु-प्यास बुझाने आए हम,
मधु-प्यास बुझाने हम आए!

4

छिपकर सब दिन था जग पीता,
पीता न अगर कैसे जीता?
जब हम न समझते थे इसको,
वह दिन बीता, वह युग बीता;
साक़ी से मिल मदिरा पीने
अब खुले-ख़ज़ाने हम आए।
मधु प्यास बुझाने आए हम,
मधु-प्यास बुझाने हम आए!

5

मग में कितने सागर गहरे,
कितने नद-नाले नीर-भरे,
कितने सर, निर्झर, स्रोत मिले,
पर, नहीं कहीं पर हम ठहरे;
तेरे लघु प्याले में ही बस
अपनत्व डुबाने हम आए।
मधु-प्यास बुझाने आए हम,
मधु-प्यास बुझाने हम आए!

6

है ज्ञात हमें नश्वर जीवन,
नश्वर इस जगती का क्षण-क्षण,
है, किन्तु, अमरता की आशा
करती रहती उर में क्रंदन,
नश्वरता और अमरता का
अब द्वन्द्व मिटाने हम आए।
मधु-प्यास बुझाने आए हम,
मधु-प्यास बुझाने हम आए!

7

दूरस्थित स्वर्गों की छाया
से विश्व गया है बहलाया,
हम क्यों उनपर विश्वास करें,
जब देख नहीं कोई आया?
अब तो इस पृथ्वी-तल पर ही
सुख-स्वर्ग बसाने हम आए!
मधु-प्यास बुझाने आए हम,
मधु-प्यास बुझाने हम आए!

8

हम लाए हैं केवल हस्ती,
ले साक़ी, दे अपनी मस्ती,
जीवन का सौदा खत्म करें,
मिल मुक्ति हमें जाए सस्ती;
साक़ी, तेरे मदिरालय को
अब तीर्थ बनाने हम आए।
मधु-प्यास बुझाने आए हम,
मधु-प्यास बुझाने हम आए!

9

चिरजीवी हो साक़ीबाला!
चिर दिवस जिए मधु का प्याला!
जो मस्त हमें करनेवाली,
आबाद रहे वह मधुशाला!
इतने दिन जो बदनाम रही,
उसका गुण गाने हम आए।
मधु-प्यास बुझाने आए हम,
मधु-प्यास बुझाने हम आए!

10

दी हाथ खुले तूने हाला,
हम सबने भी जी-भर ढाला,
यह तो अनबूझ पहेली है—
क्यों बुझ न सकी अंतर्ज्वाला?
मदिरालय से पीकर के भी
क्या प्यासे जाने हम आए?
मधु-प्यास बुझाने आए हम,
मधु-प्यास बुझाने हम आए!

11

कल्पना सुरा औ' साक़ी है।
पीनेवाला एकाकी है,
यह भेद हमें जब ज्ञात हुआ,
क्या और समझना बाक़ी है?
जो गाँठ न अब तक सुलझी थी,
उसको सुलझाने हम आए।
मधु-प्यास बुझाने आए हम,
मधु-प्यास बुझाने हम आए!

12

यह सपना भी बस दो पल है,
उर की भावुकता का फल है,
भोली मानवता चेत, अरे,
सब धोखा है, सारा छल है!
हम बिना पिए भी पछताते,
पीकर पछताने हम आए।
मधु-प्यास बुझाने आए हम,
मधु-प्यास बुझाने हम आए!

पथ का गीत

1

गुंजित कर दो पथ का कण-कण
कह मधुशाला ज़िंदाबाद!
सुंदर-सुंदर गीत बनाता,
गाता, सब से नित्य गवाता,
थकित बटोही का बहला मन
जीवन-पथ की श्रांति मिटाता,
यह मतवाला ज़िंदाबाद!
गुंजित कर दो पथ का कण-कण
कह मधुशाला ज़िंदाबाद!

2

हम सब मधुशाला जाएँगे,
आशा है, मदिरा पाएँगे,
किंतु हलाहल ही यदि होगा
पीने से कब घबराएँगे!
पीनेवाला ज़िंदाबाद!
गुंजित कर दो पथ का कण-कण
कह मधुशाला ज़िंदाबाद!

3

उफ़! कितने इस पथ पर आते,
पहुँच मगर, कितने कम पाते,
है हमको अफ़सोस न इसका,
इसपर जो मरते तर जाते;
मरनेवाला ज़िंदाबाद!
गुंजित कर दो पथ का कण-कण
कह मधुशाला ज़िंदाबाद!

4

यह तो दीवानों का दल है,
पीना सब का ध्येय अटल है,
प्राप्त न हो जब तक मधुशाला,
पड़ सकती किसके उर कल है!
वह मधुशाला ज़िंदाबाद!
गुंजित कर दो पथ का कण-कण
कह मधुशाला ज़िंदाबाद!

5

झाँक रहा, वह देखो, साक़ी
कर में एक सुराही बाँकी,
देख लिया क्या हमको आते?
धार लगी गिरने मदिरा की;
वह मधुशाला ज़िंदाबाद!
गुंजित कर दो पथ का कण-कण
कह मधुशाला ज़िंदाबाद!

6

अपना-अपना पात्र सँभालो,
ऊँचे अपने हाथ उठा लो,
सात बलाएँ ले मदिरा की,
प्याले अपने होंठ लगा लो,
मधु का प्याला ज़िंदाबाद!
गुंजित कर दो पथ का कण-कण
कह मधुशाला ज़िंदाबाद!

7

प्याले में क्या आई हाला
नहीं, नहीं उतरी मधुबाला।
पीकर कैसे यह छवि खो दूँ—
सोच रहा हर पीनेवाला;
मादक हाला ज़िंदाबाद!
गुंजित कर दो पथ का कण-कण
कह मधुशाला ज़िंदाबाद!

8

जिसमें झलक रही मधुशाला,
जिसमें प्रतिबिंबित मधुबाला,
कौन सकेगा पी उस मधु को
कितनी ही हो अंतर्ज्वाला?
उर की ज्वाला ज़िंदाबाद!
गुंजित कर दो पथ का कण-कण
कह मधुशाला ज़िंदाबाद!

सुराही

1

मैं एक सुराही हाला की!
मैं एक सुराही मदिरा की!
मदिरालय हैं मन्दिर मेरे,
मदिरा पीनेवाले, चेरे,
पंडे-से मधु-विक्रेता को
जो निशि-दिन रहते हैं घेरे;
है देवदासियों-सी शोभा
मधुबालाओं की माला की।
मैं एक सुराही हाला की!

2

कोयल-बुलबुल की तान यहाँ,
घड़ियाली और अजान यहाँ,
जिसको सुनकर खिंच आता है
पीनेवालों का ध्यान यहाँ,
तुलसी बिरवों-सी पावनता
है अंगूरों की लतिका की।
मैं एक सुराही मदिरा की!

3

सब आर्य प्रवर आ सकते हैं,
सब आर्येतर आ सकते हैं;
इस मानवता के मंदिर में
सब-नारी-नर आ सकते हैं;
केवल प्रवेश उसका निषिद्ध
जिसमें मधु-प्यास नहीं बाक़ी।
मैं एक सुराही हाला की!

4

सबका सम्मान समान यहाँ,
सबको समान वरदान यहाँ,
मैं शंकर-सी औढर दानी,
है मुक्ति बड़ी आसान यहाँ;
देरी है केवल फिरने की
सब पर मेरी चितवन बाँकी।
मैं एक सुराही मदिरा की!

5

इस मंदिर में पूजन मेरा,
अभिवादन-अभिनंदन मेरा,
निज भाग्य सराहा करते सब
पाकर मादक दर्शन मेरा,
जिस तप से यह पदवी पाई
मैंने, कर लो उसकी झाँकी!
मैं एक सुराही हाला की!

6

मैं कुँभकार की चाक चढ़ी,
फिर मेरे तन पर बेलि कढ़ी,
तब गई चिता पर मैं रक्खी,
हर ओर अग्नि की ज्वाल बढ़ी,
जल चिता गई हो राख-राख,
मैं मिट्टी, किंतु, रही बाक़ी।
मैं एक सुराही मदिरा की।

7

मैं मृत्यु विजय करके आई,
मैंने दैवी महिमा पाई,
मानव के नीरस जीवन में
मैं अमृत-सा मधुरस लाई,
इस गुण के कारण ही तो मैं
बन प्राण गई मधुशाला की।
मैं एक सुराही हाला की!

8

मैं मधु से नहलाई जाती,
फिर प्यालों की माला पाती,
तब मेरे चारों ओर खड़ी
होकर मधुबालाएँ गातीं;
इस भाँति गई है की पूजा
जगती-तल पर किस प्रतिमा की?
मैं एक सुराही मदिरा की!

9

मैं मिट्टी की थी लाल हुई,
मधु पीकर और निहाल हुई,
जब चली मुझे ले मधुबाला,
'छलछल' करके वाचाल हुई,
जिसको सुनकर पंडित-मुल्ले
भूले सब अपनी चालाकी।
मैं एक सुराही हाला की!

10

अब इनकी मिन्नत कौन करे?
इनके शापों से कौन डरे?
जब स्वर्ग लिए मैं फिरती हूँ,
तब कौन क़यामत तक ठहरे?
जो प्राप्त अभी, उसके हित कल
की राह किसी ने कब ताकी?
मैं एक सुराही मदिरा की!

11

मैं मधुबाला के कंधों पर
उपदेश यही देती चढ़कर—
'अपने जीवन के क्षण-क्षण को
लो मेरी मादकता से भर;
यह मिलना-जुलना क्षण भर का
फिर जाना सबको एकाकी।'
मैं एक सुराही हाला की!

12

लघु, मानव का कितना जीवन,
फिर क्यों उसपर इतना बंधन;
यदि मदिरा का ही अभिलाषी,
पी सकता कुछ गिनती के कण!
चुल्लू भर में गल सकता है
उसके तन का जामा ख़ाकी।
मैं एक सुराही मदिरा की!

13

मैं हूँ प्यालों में जम जाती,
मधु के वितरण में रम जाती,
भरती अगणित मुख में मदिरा,
अपनी निधि, पर, कब कम पाती;
मैं घूम जिधर पड़ती, उठती
है गूँज उधर ध्वनि 'ला-ला' की
मैं एक सुराही हाला की!

14

औरों के हित मेरी हस्ती,
औरों के हित मेरी मस्ती,
मैं पीती सिंचित करने को
इन प्यासे प्यालों की बस्ती,
आनंद उठाते ये, अपयश
की भागी बनती मैं, साक़ी।
मैं एक सुराही मदिरा की!

15

उन्मत्त बनाना खेल नहीं,
मधु से भी बुझती प्यास कहीं;
    उर तापों से पिघला मेरा,
यह नहीं सुरा की धार वही!
    उर के आसव से ही होती
        है शांति हृदय की ज्वाला की।
        मैं एक सुराही हाला की!

16

तुमने समझा मधुपान किया?
मैंने निज रक्त प्रदान किया!
    उर क्रंदन करता था मेरा,
पर मुख से मैंने गान किया!
    मैंने पीड़ा को रूप दिया,
        जग समझा मैंने कविता की।
        मैं एक सुराही मदिरा की!

प्याला

1

मिट्टी का तन, मस्ती का मन,
क्षण भर जीवन—मेरा परिचय!
कल काल-रात्रि के अंधकार
में थी मेरी सत्ता विलीन,
इस मूर्तिमान जग में महान
था मैं विलुप्त कल रूप-हीन,
कल मादकता की भरी नींद
थी जड़ता से ले रही होड़,
किन सरस करों का परस आज
करता जाग्रत् जीवन नवीन?
मिट्टी से मधु का पात्र बनूँ—
किस कुंभकार का यह निश्चय?
मिट्टी का तन, मस्ती का मन
क्षण भर जीवन—मेरा परिचय!

2

भ्रम भूमि रही थी जन्म-काल,
था भ्रमित हो रहा आसमान,
उस कलावान का कुछ रहस्य
होता फिर कैसे भासमान।
जब खुली आँख, तब हुआ ज्ञात,
थिर है सब मेरे आसपास;
समझा था सबको भ्रमित, किंतु
भ्रम स्वयं रहा था मैं अजान।
भ्रम से ही जो उत्पन्न हुआ,
क्या ज्ञान करेगा वह संचय।
मिट्टी का तन, मस्ती का मन,
क्षण भर जीवन--मेरा परिचय!

3

जो रस लेकर आया भू पर
जीवन-आतप ले गया छीन,
खो गया पूर्व गुण, रंग, रूप
हो जग की ज्वाला के अधीन;
मैं चिल्लाया, 'क्यों ले मेरी
मृदुता करतीं मुझको कठोर?'
लपटें बोलीं, 'चुप, बजा-ठोंक,
लेगी तुझको जगती प्रवीण।
यह, लो, मीना बाजार लगा,
होता है मेरा क्रय-विक्रय।
मिट्टी का तन, मस्ती का मन,
क्षण भर जीवन--मेरा परिचय!

4

मुझको न सके ले धन-कुबेर
दिखलाकर अपना ठाट-बाट,
मुझको न सके ले नृपति मोल
दे माल-ख़ज़ाना, राज-पाट,
अमरों ने अमृत दिखलाया,
दिखलाया अपना अमर लोक,
ठुकराया मैंने दोनों को
रखकर अपना उन्नत ललाट;
बिक, मगर, गया मैं मोल बिना,
जब आया मानव सरस-हृदय।
मिट्टी का तन, मस्ती का मन,
क्षण भर जीवन—मेरा परिचय!

5

बस एक बार पूछा जाता,
यदि अमृत से पड़ता पाला;
यदि पात्र हलाहल का बनता,
बस एक बार जाता ढाला;
चिर जीवन औ' चिर मृत्यु जहाँ,
लघु जीवन की चिर प्यास कहाँ;
जो फिर-फिर होठों तक जाता
वह तो बस मदिरा का प्याला;
मेरा घर है अरमानों से
परिपूर्ण जगत का मदिरालय।
मिट्टी का तन, मस्ती का मन,
क्षण भर जीवन—मेरा परिचय!

6

मैं सखी सुराही का साथी,
सहचर मधुबाला का ललाम;
अपने मानस की मस्ती से
उफनाया करता आठ याम;
कल क्रूर काल के गालों में
जाना होगा—इस कारण ही
कुछ और बढ़ा दी है मैंने
अपने जीवन की धूमधाम;
इन मेरी उल्टी चालों पर
संसार खड़ा करता विस्मय।
मिट्टी का तन, मस्ती का मन,
क्षण भर जीवन—मेरा परिचय!

7

मेरे पथ में आ-आ करके
तू पूछ रहा है बार-बार,
'क्यों तू दुनिया के लोगों में
करता है मदिरा का प्रचार?'
मैं वाद-विवाद करूँ तुझसे
अवकाश कहाँ इतना मुझको,
'आनंद करो'—यह व्यंग्य भरी
है किसी दग्ध-उर की पुकार;
कुछ आग बुझाने को पीते
ये भी, कर मत इन पर संशय।
मिट्टी का तन, मस्ती का मन,
क्षण भर जीवन—मेरा परिचय!

8

मैं देख चुका जा मस्जिद में
झुक-झुक मोमिन पढ़ते नमाज,
पर अपनी इस मधुशाला में
पीता दीवानों का समाज;
वह पुण्य कृत्य, यह पाप कर्म,
कह भी दूँ, तो दूँ क्या सबूत;
कब कंचन मस्जिद पर बरसा,
कब मदिरालय पर गिरी गाज?
यह चिर अनादि से प्रश्न उठा,
मैं आज़ करूँगा क्या निर्णय।
मिट्टी का तन, मस्ती का मन,
क्षण भर जीवन—मेरा परिचय!

9

सुनकर आया हूँ मंदिर में
रटते हरिजन थे राम-राम,
पर अपनी इस मधुशाला में
जपते मतवाले जाम-जाम;
पंडित मदिरालय से रूठा,
मैं कैसे मंदिर से रूठूँ,
मैं फ़र्क बाहरी क्या देखूँ
मुझको मस्ती से महज़ काम!
भय-भ्रांति-भरे जग में दोनों
मन को बहलाने के अभिनय।
मिट्टी का तन, मस्ती का मन,
क्षण भर जीवन—मेरा परिचय!

10

संसृति की नाटकशाला में
है पड़ा तुझे बनना ज्ञानी,
है पड़ा मुझे बनना प्याला,
होना मदिरा का अभिमानी;
संघर्ष यहाँ किसका किससे,
यह तो सब खेल-तमाशा है,
वह देख, यवनिका गिरती है,
समझा, कुछ अपनी नादानी!
छिप जाएँगे हम दोनों ही
लेकर अपने-अपने आशय।
मिट्टी का तन, मस्ती का मन,
क्षण भर जीवन—मेरा परिचय!

11

पल में मृत पीनेवाले के
कर से गिर भू पर आऊँगा,
जिस मिट्टी से था मैं निर्मित
उस मिट्टी में मिल जाऊँगा;
अधिकार नहीं जिन बातों पर,
उन बातों की चिंता करके
अब तक जग ने क्या पाया है,
मैं कर चर्चा, क्या पाऊँगा?
मुझको अपना ही जन्म-निधन
है सृष्टि प्रथम, है अंतिम लय।
मिट्टी का तन, मस्ती का मन,
क्षण भर जीवन—मेरा परिचय!

हाला

1

उल्लास-चपल, उन्माद-तरल,
प्रति पल पागल—मेरा परिचय
जग ने ऊपर की आँखों से
देखा मुझको बस लाल-लाल
कह डाला मुझको जल्दी से
द्रव माणिक या पिघला प्रवाल,
जिसको साक़ी के अधरों ने
चुंबित करके स्वादिष्ट किया,
कुछ मनमौजी मजनूँ जिसको
ले-ले प्यालों में रहे ढाल;
मेरे बारे में है फैला
दुनिया में कितना भ्रम-संशय।
उल्लास-चपल, उन्माद-तरल,
प्रति पल पागल—मेरा परिचय!

2

वह भ्रांत महा जिसने समझा
मेरा घर था जलधर अथाह,
जिसकी हिलोर में देवों ने
पहचाना मेरा लघु प्रवाह;
अंशावतार वह था मेरा,
मेरा तो सच्चा रूप और;
विश्वास अगर मुझपर, मानो—
मेरा दो कण वह महोत्साह,
जो सुरासुरों ने उर में धर
मथ डाला वारिधि वृहत्हृदय।
उल्लास-चपल, उन्माद-तरल,
प्रति पल पागल—मेरा परिचय!

3

मेरी मादकता से ही तो
मानव सब सुख-दुःख सका झेल,
कर सकी मानवों की पृथ्वी
शशि-रवि सुदूर से हेल-मेल,
मेरी मस्ती से रहे नाच
ग्रह गण, करता है गगन गान,
वह महोन्माद मैं ही जिससे
यह सृष्टि-प्रलय का खेल खेल,
दुःसह चिर जीवन सह सकता
वह चिर एकाकी लीलामय।
उल्लास-चपल, उन्माद-तरल,
प्रति पल पागल—मेरा परिचय!

4

अवतरित रूप में भी तो मैं
इतनी महान, इतनी विशाल
मेरी दो नन्हीं बूँदों ने
रंग दिया उषा का चीर लाल;
संध्या की चर्चा क्या, वह तो
उसके दुकूल का एक छोर,
जिसकी छाया से ही रंजित
पाटल-कुटुम्ब का मृदुल गाल;
कर नहीं मुझे सकता बंदी
दर-दीवारों में मदिरालय।
उल्लास-चपल, उन्माद-तरल,
प्रति पल पागल—मेरा परिचय!

5

अवतीर्ण रूप में भी तो है
मेरा इतना सुरभित शरीर,
दो साँस बहा देती मेरी
जग-पतझड़ में मधुऋतु समीर,
जो पिक-प्राणों में कर प्रवेश
तनता नभ में स्वर का वितान,
लाता कमलों की महफिल में
नर्तन करने को भ्रमर-भीड़;
मधुबाला के पग-पायल क्या
पाएँगे मेरे मन पर जय।
उल्लास-चपल, उन्माद-तरल,
प्रति पल पागल—मेरा परिचय!

6

लवलेश लास लेकर मेरा
झरना झूमा करता गिरि पर,
सर हिल्लोलित होता रह-रह,
सरि बढ़ती लहरा-लहराकर,

मेरी चंचलता की करता
रहता है सिंधु नकल असफल;

अज्ञानी को यह ज्ञात नहीं,
मैं भर सकती कितने सागर।

कर पाएँगे प्यासे मेरा
कितना इन प्यालों में संचय।
उल्लास-चपल, उन्माद-तरल,
प्रति पल पागल—मेरा परिचय!

7

हूँ आज प्रवाहित मैं ऐसे,
जैसे कवि के हृदयोद्‌गार;
तुम रोक नहीं सकते मुझको,
कर नहीं सकोगे मुझे पार;

यह अपनी कागज की नावें
तट पर बाँधो, आगे न बढ़ो,

ये तुम्हें डुबा देंगी गलकर
हे श्वेत केश-धर कर्णधार;

बह सकता जो मेरी गति से
पा सकता वह मेरा आश्रय।
उल्लास-चपल, उन्माद-तरल,
प्रति पल पागल—मेरा परिचय!

8

उद्दाम तरंगों से अपनी
मस्जिद, गिरजाघर, देवालय
मैं तोड़ गिरा दूँगी पल में—
मानव के बंदीगृह निश्चय।
जो कूल, किनारे, तट करते
संकुचित मनुज के जीवन को,
मैं काट सबों को डालूँगी
किसका डर मुझको? मैं निर्भय।
मैं ढहा-बहा दूँगी क्षण में
पाखंडों के गुरु गढ़ दुर्जय।
उल्लास-चपल, उन्माद-तरल,
प्रति पल पागल—मेरा परिचय!

9

फिर मैं नभ-गुंबद के नीचे
नव-निर्मल द्वीप बनाऊँगी,
जिस पर हिलमिलकर बसने को
संपूर्ण जगत को लाऊँगी;
उन्मुक्त वायुमंडल में अब
आदर्श बनेगी मधुशाला;
प्रिय प्रकृति-परी के हाथों से
ऐसा मधुपान कराऊँगी,
चिर जरा-जीर्ण मानव फिर से
पाएगा नूतन यौवन वय।
उल्लास-चपल, उन्माद-तरल,
प्रति पल पागल—मेरा परिचय!

10

रे वक्र भ्रुओं वाले योगी!
दिखला मत मुझको वह मरुथल,
जिसमें जाकर खो जाएगी
मेरी द्रुत गति, मेरी ध्वनिकल।
है ठीक अगर तेरा कहना,
मैं और चलूँगी इठलाकर;
संदेहों में क्यों व्यर्थ पड़ूँ?
मेरा तो है विश्वास अटल—
मैं जिस जड़ मरु में पहुँचूँगी,
कर दूँगी उसको जीवनमय।
उल्लास-चपल, उन्माद-तरल,
प्रति पल पागल—मेरा परिचय!

11

लघुतम गुरुतम से संयोजित—
यह जान, मुझे जीवन प्यारा,
परमाणु कँपा जब करता है
हिल उठता नभ-मंडल सारा!
यदि एक वस्तु भी सदा रही,
तो सदा रहेगी वस्तु सभी;
त्रैलोक्य बिना जलहीन हुए
सकती न सूख कोई धारा;
सब सृष्टि नष्ट हो जाएगी,
हो जाएगा जब मेरा क्षय।
उल्लास चपल, उन्माद तरल,
प्रति पल पागल—मेरा परिचय!

जीवन-तरुवर

1

भावुकता की हरियाली में
हरे रहो, जीवन के तरुवर!
सरस कल्पना के सुमनों से
भरे रहो, जीवन के तरुवर!

2

गान-विहंगों के शरणस्थल
बने रहो, जीवन के तरुवर!
रसिक पथिक पर छाया के हित
घने रहो, जीवन के तरुवर!

3

विपदाओं की अंधवायु में
तने रहो, जीवन की तरुवर!
अपने सौरभ की मस्ती में
सने रहो, जीवन के तरुवर!

प्यास

1

तेरा-मेरा संबंध यही—
तू मधुमय औ' मैं तृषित-हृदय!
तू अगम सिंधु की राशि लिए,
मैं मरु असीम की प्यास लिए,
मैं चिर विचलित संदेहों से,
तू शांत अटल विश्वास लिए;
तेरी मुझको आवश्यकता,
आवश्यकता तुझको मेरी;
मैं जीवन का उच्छ्वास लिए,
तू जीवन का उल्लास लिए;
तुझसे मिल पूर्ण चला बनने,
बस इतना ही मेरा परिचय।
तेरा-मेरा संबंध यही—
तू मधुमय औ' मैं तृषित-हृदय!

2

क्या कहती? 'दुनिया को देखो,'
दुनिया रोती है, रोने दो
मैं भी रोया, रोना अच्छा,
आँसू से आँखें धोने दो;
रोनेवाला ही समझेगा
कुछ मर्म हमारी मस्ती का;
सुन, अश्रु-भरी आँखें कहतीं—
यह राग-रंग भी होने दो,
रोदन-गायन दोनों के स्वर
से सधती जग-वीणा की लय।
तेरा-मेरा संबंध यही—
तू मधुमय औ' मैं तृषित-हृदय!

3

क्या कहती? 'दुनिया को देखा,'
दुनिया देती लानत मुझको,
है कहती फिरती गली-गली,
मदिरा पीने की लत मुझको;
दुनिया तो मुझसे है रूठी,
है तुली हुई वद कहने पर,
गंगाजल जब मैं पाता था,
कब दी उसने इज्जत मुझको?
बदनाम रहे हो मंदिर हैं,
यह तो फिर ठहरा मदिरालय।
तेरा-मेरा संबंध यही—
तू मधुमय औ' मैं तृषित-हृदय!

4

बादल वारिधि से मधु पीकर
नभ के आँगन में मँडराते
चपला-साक़ी को संग लिए
नर्तन करते गायन गाते;
कोई न बुरा कहता उनको,
क़िस्मत के वे कितने अच्छे;
लेकिन मुझ पर कल के ज्ञानी
भी आँखें अपनी दिखलाते;
कर पाया हूँ इन अधरों से
मदिरा पाने को सिर्फ़ विनय।
तेरा-मेरा संबंध यही—
तू मधुमय औ' मैं तृषित-हृदय!

5

रवि की प्यासी किरणें भू तक
लाखों योजन चलकर आतीं,
सर, निर्झर, सरिता, सागर के
जल से निज प्यास बुझा जातीं;
युग-युग से जग यह देख रहा
उँगली न उठाई पर उसने,
चर्चा घर-घर में फैल गई
मिलते हम-तुम, ओ मदमाती!
मिलना हम दोनों का भी तो
है अन्य किसी का ही निर्णय।
तेरा-मेरा संबंध यही—
तू मधुमय औ' मैं तृषित-हृदय!

6

अस्तित्व न था जब तृष्णा का,
मदिरालय था यह विशृंखल,
विक्रेता का मृतप्राय पड़ा,
चंचल साक़ी भी थे अविचल,
कुछ पता नहीं था प्यासों का,
क्या ज़िक्र घटों का, प्यालों का,
इस परी तृषा के आते ही
मच गई पलों में चहल-पहल;
है रंगमंच तृष्णा का ही,
जिस पर यह संसृति का अभिनय।
तेरा-मेरा संबंध यही—
तू मधुमय औ' मैं तृषित-हृदय!

7

पृथ्वी में जिसने प्यास भरी,
बादल में उसने नीर भरा,
तट-अधरों को नीचे रक्खा
है प्याला अंबुधि का गहरा;
वह गुरु-महान की तृष्णा में
छोटों की प्यास नहीं भूला;
भौंरों की प्यास बुझाने को
सर में पद्मों का पात्र धरा;
छोटे से छोटे तृण का ही
रख ध्यान बना नभ हिमकण-मय।
तेरा-मेरा संबंध यही—
तू मधुमय औ' मैं तृषित-हृदय!

8

सिंचित हो नभ की मदिरा से
यह धरा हरित हो लहराती,
तट गिर-गिर पड़ते सागर में,
अलि-अवली रस पी-पी गाती;
जिस-जिस उर में दी प्यास गई,
दी तृप्ति गई उस-उस उर में;
मानव को ही अभिशाप मिला,
'पीकर भी दग्ध रहे छाती!'
किन अपराधों के बदले में
मानव के प्रति यह क्रूर अनय!
तेरा-मेरा संबंध यही—
तू मधुमय औ' मैं तृषित-हृदय!

9

यह 'क्रूर अनय' सह सकता है
केवल इस बल पर मन मेरा,
इसके कारण ही तो, सुन्दरि,
सत्संग मिला मुझको तेरा;
मेरे दामन, तेरे आँचल
की गाँठ लगा दी तृष्णा ने,
उर-कुंड-हवन के ओर सभी
आ, दे मिलकर मंगल फेरा;
कर कौन अलग सकता हमको
हो जाने पर विधिवत् परिणय?
तेरा-मेरा संबंध यही—
तू मधुमय औ' मैं तृषित-हृदय!

10

जब मानव का अपनी तृष्णा
से है इतना चिर दृढ़ नाता,
तब मैं मदिरा का अभिलाषी
क्यों जग में दोषी कहलाता?
मेरी तृष्णा तो मूर्तिमती
परिपूर्ण विश्व की आकांक्षा;
मानव अशांति, मानव स्वप्नों
के गायन ही तो हूँ गाता
गाऊँगा, जब तक एक नहीं
होकर मिलते संघर्ष-प्रणय।
तेरा-मेरा संबंध यही—
तू मधुमय औ' मैं तृषित-हृदय!

11

मैं अर्थ बताता तृष्णा का,
क्षण बीत रहे हैं जीवन के,
किस-किसका दूर करूँगा मैं
संदेह यहाँ हैं जन-जन के,
भर दे प्याला, भूले दुनिया,
भूले अपूर्णता दुनिया की,
मतवालों ने कब काम किए
जग में रहकर जग के मन के?
वह मादकता ही क्या जिसमें
बाक़ी रह जाए जग का भय।
तेरा-मेरा संबंध यही—
तू मधुमय औ' मैं तृषित-हृदय!

बुल बुल

1

सुरा पी, मद पी, कर मधुपान,
रही बुलबुल डालों पर बोल!

लिए मादकता का संदेश
फिरा मैं कब से जग के बीच,
कहीं पर कहलाया विक्षिप्त,
कहीं पर कहलाया मैं नीच;
सुरीले कंठों का अपमान
जगत में कर सकता है कौन?
स्वयं, लो, प्रकृति उठी है बोल
विदा कर अपना चिर व्रत मौन।

अरे, मिट्टी के पुतलो, आज
सुनो अपने कानों को खोल,
सुरा पी, मद पी, कर मधुपान,
रही बुलबुल डालों पर बोल!

2

यही श्यामल नभ का संदेश
रहा जो तारों के संग झूम,
यही उज्ज्वल शशि का संदेश
रहा जो भू के कण-कण चूम,
यही मलयानिल का संदेश
रहे जिससे पल्लव-दल डोल,
यही कलि-कुसुमों का संदेश
रहे जो गाँठं सुरभि की खोल,
यही ले-ले उठतीं संदेश
सलिल की सहज हिलोरें लोल;
प्रकृति की प्रतिनिधि बनकर आज
रही बुलबुल डालों पर बोल!

3

अरुण हाला से प्याला पूर्ण
ललकता, उत्सुकता के साथ
निकट आया है तेरे आज
सुकोमल मधुबाला के हाथ;
सुरा-सुषमा का पा यह योग
नहीं यदि पीने का अरमान,
भले तू कह अपने को भक्त,
कहूँगा मैं तुझको पाषाण;
हमें लघु मानव को क्या लाज,
गए मुनि-देवों के मन डोल;
सरसता से संयम को जीत
रही बुलबुल डालों पर बोल!

4

कहीं दुर्जय देवों का कोप—
कहीं तूफ़ान, कहीं भूचाल,
कहीं पर प्रलयकारिणी बाढ़,
कहीं पर सर्वभक्षिणी ज्वाल,
कहीं मानव के अत्याचार,
कहीं दोनों की दैन्य पुकार,
कहीं दुश्चिंताओं के भार
दबा क्रंदन करता संसार;
करें, आओ, मिल हम दो-चार
जगत-कोलाहल में कल्लोल;
दुःखों से पागल होकर आज
रही बुलबुल डालों पर बोल!

5

विभाजित करती मानव जाति
धरा पर देशों की दीवार,
ज़रा ऊपर तो उठकर देख,
वही जीवन है इस-उस पार;
घृणा का देते हैं उपदेश
यहाँ धर्मों के ठेकेदार,
खुला है सब के हित, सब काल
हमारी मधुशाला का द्वार;
करें आओ विस्मृत वे भेद,
रहे जो जीवन में विष घोल;
क्रांति की जिह्वा बनकर आज
रही बुलबुल डालों पर बोल!

6

एक क्षण पात-पात से प्रेम,
एक क्षण डाल-डाल, पर खेल,
एक क्षण फूल-फूल से स्नेह,
एक क्षण विहग-विहग से मेल,
अभी है जिस क्षण का अस्तित्व,
दूसरे क्षण बस उसकी याद,
याद करनेवाला यदि शेष;
नहीं क्या संभव क्षण भर बाद
उड़ें अज्ञात दिशा की ओर
पखेरू प्राणों के पर खोल?
सजग करती जगती को आज
रही बुलबुल डालों पर बोल!

7

हमारा अमर सुखों का स्वप्न,
जगत का, पर, विपरीत विधान,
हमारी इच्छा के प्रतिकूल
पड़ा है आ हम पर अनजान;
झुकाकर इसके आगे शीश
नहीं मानव ने मानी हार;
मिटा सकने में यदि असमर्थ,
भुला सकते हैं हम संसार;
हमारी लाचारी की एक
सुरा ही औषध है अनमोल;
लिए निज वाणी में विद्रोह
रही बुलबुल डालों पर बोल!

8

जिन्हें जग-जीवन से संतोष,
उन्हें क्यों भाए उसका गान?
जिन्हें जग-जीवन से वैराग्य,
उन्हें क्यों भाए उसकी तान?

हमें जग-जीवन से अनुराग,
हमें जग-जीवन से विद्रोह;
इसे क्या समझेंगे वे लोग,
जिन्हें सीमा-बन्धन का मोह;

करे कोई निंदा दिन-रात
सुयश का पीटे कोई ढोल,
किए कानों को अपने बंद,
रही बुलबुल डालों पर बोल!

पाटल-माल

1

मधुप-दल का करती आह्वान
रही खिल वन में पाटल-माल!

वही वन के, उपवन के बीच
मचलती मादक मलय बयार,
हरित पल्लव-अधरों को खोल
हँसीं ये डालें काँटेदार;

सरल वह बालपने का हास
न रहने पाया था कुछ रोज़
कि ले नवयौवन का संवाद
कली-से उभरे अमित उरोज;

भले जगती अपना उन्माद
छिपा रक्खे ढँक, मूँद, सँभाल;
मधुप-दल का करती आह्वान
रही खिल वन में पाटल-माल!

2

नग्न तृण, तरु, पल्लव, खग वृंद,
नग्न है श्यामल-तन आकाश,
नग्न रवि, शशि, तारक, नीहार,
नग्न बादल, विद्युत, वातास,

जलधि के आँगन में अविराम,
ऊर्मियाँ नर्तन करतीं नग्न,
सरोवर, नद, निर्झर, गिरि, शृंग,
नग्न रहकर ही रहते मग्न।

भली मानवता ही क्यों आज
रही अपने पर परदा डाल?
यही करती जगती से प्रश्न,
रही खिल वन में पाटल-माल!

3

किसी युग में मानव की आँख
सकी स्वर्गिक सुषमा को तोल,
सकी दे उसका वांछित मूल्य
खुशी से उर की गाँठें खोल;

आज कहलाता है अश्लील
हृदय का अनियंत्रित उद्‌गार,
विकृत जीवन को ही जग आज
समझ बैठा है लोकाचार;

प्रगतिमय यौवन का पट थाम
न बैठो, जग के कंटक जाल!
यही कहती काँटों से आज
रही खिल वन में पाटल-माल?

4

पुण्य की है जिसको पहचान,
उसे ही पापों का अनुमान
सदाचारों से जो अनभिज्ञ,
दुराचारों से वह अज्ञान,
उसी के लज्जा से नत नेत्र,
जिसे गौरव का प्रतिपल ध्यान;
जगत के जीवन से अब, हाय,
गया उठ भोलेपन का मान!

लगा मत उस भोली को दोष,
न उस पर आँखें लाल निकाल;
स्वयं निज सौरभ से अनजान
रही खिल वन में पाटल-माल?

5

करे मृदु पंखुरियों को कैद
कुटिल काँटों का कारागार,
बहाएँ बेचारी प्रति पात
मोतियों-से आँसू की धार,
सरसता की प्रतिमा प्रत्यक्ष
पड़ें जा पाषाणों के हाथ,
चला ज्ञानी देने उपदेश,
न्याय होता है सबके साथ;

समझ लें आँखों वाले खूब
नियति की कैसी टेढ़ी चाल;
रँगी अपने लहू से आज
रही खिल वन में पाटल-माल!

6

नयन में पा आँसू की बूँद,
अधर के ऊपर पा मुसकान,
कहीं मत इसको हे संसार,
दु:खों का अभिनय लेना मान।

नयन से नीरव जल की धार
ज्वलित उर का प्राय: उपहार
हँसी से ही होता है व्यक्त
कभी पीड़ित उर का उद्‌गार;

तप्त आँसू से झुलसे गाल
किए कोई मदिरा से लाल;
इसी का तो करती संकेत
रही खिल वन में पाटल-माल!

7

गगन के आँगन में विस्तीर्ण
खिला कोई पाटल का फूल,
उसी पर तारक हिमकण-रूप
नहीं उसकी डालों में शूल;

पंखुरी एक उसी की नित्य
प्रात में गिर पड़ती अनजान,
पूर्व से रंजित होकर और
उषा का बन जाती परिधान;

गिरे दल इसके हो जड़-म्लान,
बड़ा, रे, इसका रंज-मलाल;
विवशता की, पर, ले-ले साँस
रही खिल वन में पाटल-माल!

8

हृदय के अंदर वह उन्माद
कि जिससे पागल हो संसार
खोल दे, कर-पद-बंधन काट,
विश्व-बंदीगृह के सब द्वार;

हृदय के अंदर वह विद्रोह
कि जाए इंद्रासन भी डोल;
हुई बस इतने से लाचार;
नहीं मुँह सकती अपना खोल;

दबा मन का सब क्रोध-विरोध
गई बुलबुल वाचाल निकाल,
मथित उर थामे अपना, हाय,
रही खिल वन में पाटल-माल!

इस पार-उस पार

1

इस पार, प्रिये, मधु है, तुम हो,
उस पार न जाने क्या होगा!
यह चाँद उदित होकर नभ में
कुछ ताप मिटाता जीवन का,
लहरा-लहरा यह शाखाएँ
कुछ शोक भुला देतीं मन का,
कल मुर्झानेवाली कलियाँ
हँसकर कहती हैं, मग्न रहो,
बुलबुल तरु की फुनगी पर से
संदेश सुनाती यौवन का,
तुम देकर मदिरा के प्याले
मेरा मन बहला देती हो,
उस पार मुझे बहलाने का
उपचार न जाने क्या होगा!
इस पार, प्रिये, मधु है, तुम हो,
उस पार न जाने क्या होगा!

2

जग में रस की नदियाँ बहतीं,
रसना दो बूँदें पाता है,
जीवन की झिलमिल-सी झाँकी
नयनों के आगे आती है,
स्वर-तालमयी वीणा बजती,
मिलता है बस झंकार मुझे
मेरे सुमनों की गंध कहीं
यह वायु उड़ा ले जाती है;
ऐसा सुनता, उस पार, प्रिये,
ये साधन भी छिन जाएँगे;
तब मानव की चेतनता का
आधार न जाने क्या होगा!
इस पार, प्रिये, मधु है, तुम हो
उस पार न जाने क्या होगा!

3

प्याला है पर पी पाएँगे,
है ज्ञात नहीं इतना हमको,
इस पार नियति ने भेजा है
असमर्थ बना कितना हमको;
कहने वाले पर, कहते हैं
हर कर्मों से स्वाधीन सदा;
करने वालों की परवशता
है ज्ञात किसे, जितनी हमको;
कह तो सकते हैं, कहकर ही
कुछ दिल हल्का कर लेते हैं;
उस पार अभागे मानव का
अधिकार न जाने क्या होगा!
इस पार, प्रिये, मधु है, तुम हो
उस पार न जाने क्या होगा!

4

कुछ भी न किया था जब उसका,
उसने पथ में काँटे बोए,
वे भार दिए धर कंधों पर
जो रो-रोकर हमने ढोए;
महलों के सपनों के भीतर
जर्जर खंडहर का सत्य भरा,
उर में ऐसी हलचल भर दी,
दो रात न हम सुख से सोए;
अब तो हम अपने जीवन भर
उस क्रूर कठिन को कोस चुके;
उस पार नियति का मानव से
व्यवहार न जाने क्या होगा!
इस पार, प्रिये, मधु है, तुम हो
उस पार न जाने क्या होगा!

5

संसृति के जीवन में, सुभगे
ऐसी भी घड़ियाँ आएँगी,
जब दिनकर की तमहर किरणें
तम के अंदर छिप जाएँगी,
जब निज प्रियतम का शव, रजनी
तम की चादर से ढँक देगी,
तब रवि-शशि-पोषित यह पृथ्वी
कितने दिन खैर मनाएगी;
जब इस लम्बे-चौड़े जग का
अस्तित्व न रहने पाएगा,
तब हम दोनों का नन्हाँ-सा
संसार न जाने क्या होगा!
इस पार, प्रिये, मधु है, तुम हो
उस पार न जाने क्या होगा!

6

ऐसा चिर पतझड़ आएगा
कोयल न कुहुक फिर पाएगी
बुलबुल न अँधेरे में गा-गा
जीवन की ज्योति जगाएगी,
अगणित मृदु-नव पल्लव के स्वर
'मरमर' न सुने फिर जाएँगे,
अलि-अवली कलि-दल पर गुंजन
करने के हेतु न आएगी;
जब इतनी रसमय ध्वनियों का
अवसान, प्रिये, हो जाएगा,
तब शुष्क हमारे कंठों का
उद्‌गार न जाने क्या होगा!
इस पार, प्रिये, मधु है, तुम हो
उस पार न जाने क्या होगा!

7

सुन काल प्रवल का गुरु-गर्जन
निर्झरिणी भूलेगी नर्तन
निर्झर भूलेगा निज टलमल,
सरिता अपना 'कलकल' गायन
वह गायक-नायक सिंधु कहीं
चुप हो छिप जाना चाहेगा,
मुँह खोल खड़े रह जाएँगे
गंधर्व, अप्सरा, किन्नरगण;
संगीत सजीव हुआ जिनमें,
जब मौन वही हो जाएँगे,
तब, प्राण, तुम्हारी तंत्री का
जड़ तार न जाने क्या होगा!
इस पार, प्रिये, मधु है, तुम हो
उस पार न जाने क्या होगा!

8

उतरे इन आँखों के आगे
जो हार चमेली ने पहने,
वह छीन रहा, देखो, माली
सुकुमार लताओं के गहने,
दो दिन में खींची जाएगी
ऊषा की सारी सिंदूरी,
पट इंद्रधनुष का सतरंगा
पाएगा कितने दिन रहने;
जब मूर्तिमती सत्ताओं की
शोभा-सुषमा लुट जाएगी,
तब कवि के कल्पित स्वप्नों का
श्रृंगार न जाने क्या होगा!
इस पार, प्रिये, मधु है, तुम हो
उस पार न जाने क्या होगा!

9

दृग देख जहाँ तक पाते हैं,
तम का सागर लहराता है,
फिर भी उस पार खड़ा कोई
हम सब को खींच बुलाता है;
मैं आज चला, तुम आओगी
कल, परसों सब संगी-साथी,
दुनिया रोती-धोती रहती,
जिसको जाना है, जाता है;
मेरा तो होता मन डग-मग
तट पर के ही हलकोरों से,
जब मैं एकाकी पहुँचूँगा
मँझधार, न जाने क्या होगा!
इस पार, प्रिये, मधु है, तुम हो
उस पार न जाने क्या होगा!

पाँच पुकार

1

गूंजी मदिरालय भर में
लो, 'पियो, पियो' की बोली!
संकेत किया यह किसने,
यह किसकी भौहें घूमी?
सहसा मधुबालाओं ने
मदभरी सुराही चूमीं;
फिर चली इन्हें सब लेकर,
होकर प्रतिबिंबित इनमें,
चेतन का कहना ही क्या,
जड़ दीवारें भी झूमीं
सबने ज्योंही कलि-मुख की
मृदु अधर-पँखुरियाँ खोलीं,
गूँजी मदिरालय भर में
लो, 'पियो, पियो' की बोली!

2

जिस अमृतमय वाणी से
जड़ में जीवन जग जाता,
रुकता सुनकर वह कैसे
रसिकों का दल मदमाता;
आँखों के आगे पाकर
अपने जीवन का सपना,
हर एक उसे छूने को
आया निज कर फैलाता!
पा सत्य, कलोल उठी कर
मधु के प्यासों की टोली,
गूँजी मदिरालय भर में
लो, 'पियो, पियो' की बोली!

3

सारी साधें जीवन की
अधरों में आज समाईं,
सुख, शांति जगत की सारी
छनकर मदिरा में आईं,
इच्छित स्वर्गों की प्रतिमा
साकार हुई, सखि, तुम हो;
अब ध्येय विसुधि, विस्मृति है,
है मुक्ति यही सुखदायी,
पल भर की चेतनता भी
अब सह्य नहीं, ओ भोली,
गूँजी मदिरालय भर में
लो, 'पियो, पियो' की बोली!

4

मधुघट कंधों से उतरे,
आशा से आँखें चमकीं
छल-छल कह माणिक मदिरा
प्यालों के अन्दर दमकी,
दानी मधुबालाओं ने
ली झुका सुराही अपनी,
'आरंभ करो' कहती-सी
मधु गंध चतुर्दिक गमकी
आशीष वचन कहने को
मधुपों की जिह्वा डोली;
गूँजी मदिरालय भर में
लो, 'पियो, पियो' की बोली!

5

दो दौर न चल पाए थे
इस तृष्णा के आँगन में
डूबा मदिरालय सारा
मतवालों के क्रंदन में;
यमदूत द्वार पर आया
ले चलने का परवाना,
गिर-गिर टूटे घट-प्याले
बुझ दीप गए क्षण भर में;
सब चले किए सिर नीचे
ले अरमानों की झोली;
गूँजी मदिरालय भर में
लो, 'पियो, पियो' की बोली!

पगध्वनि

1

पहचानी वह पगध्वनि मेरी,
वह पगध्वनि मेरी पहचानो!

नंदन वन में उगनेवाली
मेंहदी जिन तलवों की लाली
बनकर भू पर आई, आली;

मैं उन तलवों से चिर परिचित,
मैं उन तलवों का चिर ज्ञानी।
यह पगध्वनि मेरी पहचानी!

2

ऊषा ले अपनी अरुणाई,
ले कर-किरणों की चतुराई,
जिनमें जावक रचने आई,

मैं उन चरणों का चिर प्रेमी,
मैं उन चरणों का चिर ध्यानी,
वह पगध्वनि मेरी पहचानी!

3

उन मृदु चरणों का चुंबन कर
ऊसर भी हो उठता उर्वर,
तृण-कलि-कुसुमों से जाता भर
मरुथल मधुवन बन लहराते,
पाषाण पिघल होते पानी।
वह पगध्वनि मेरी पहचानी!

4

उन चरणों की मंजुल उँगली
पर नख-नक्षत्रों की अवली,
जीवन के पथ की ज्योति भली,
जिसका अवलंबन कर जग ने
सुख-सुषमा की नगरी जानी
वह पगध्वनि मेरी पहचानी!

5

उन पद-पद्मों के प्रभ रज कण
का अंजित कर मंत्रित अंजन
खुलते कवि के चिर अंध नयन
तम से आकर उर से मिलती
स्वप्नों की दुनिया की रानी।
वह पगध्वनि मेरी पहचानी!

6

उन सुन्दर चरणों का अर्चन
करते आँसू से सिंधु-नयन,
पद-रेखा में उच्छ्वास पवन
देखा करता अंकित अपनी
सौभाग्य सुरेखा कल्याणी।
वह पगध्वनि मेरी पहचानी!

7

उन चल चरणों की कल छम-छम
से ही था निकला नाद प्रथम,
गति से मादक तालों का क्रम,
निकली स्वर-लय की लहर जिसे
जग ने सुख की भाषा मानी।
वह पगध्वनि मेरी पहचानी!

8

हो शांत, जगत के कोलाहल!
रुक जा, री, जीवन की हलचल!
मैं दूर पड़ा सुन लूँ दो पल,
संदेश नया जो लाई है
यह चाल किसी की मस्तानी!
वह पगध्वनि मेरी पहचानी!

9

किसके तमपूर्ण प्रहर भागे?
किसके चिर सोए दिन जागे?
सुख-स्वर्ग हुआ किसके आगे?
होगी किसके कंपित कर से
इन शुभ चरणों की अगवानी?
वह पगध्वनि मेरी पहचानी!

10

बढ़ता जाता घुंघरू का रव
क्या यह भी हो सकता संभव?
यह जीवन का अनुभव अभिनव;
पदचाप शीघ्र, पग-राग तीव्र
स्वागत को उठ, रे कवि मानी!
वह पगध्वनि मेरी पहचानी!

11

ध्वनि पास चली मेरे आती
सब अंग शिथिल, पुलकित छाती,
लो, गिरती पलकें मदमाती,
पग को परिरंभण करने की,
पर, इन युग बाहों ने ठानी!
वह पगध्वनि मेरी पहचानी!

12

रव गूँजा भू पर, अंबर में,
सर में, सरिता में, सागर में,
प्रत्येक श्वास में, प्रति स्वर में
किस-किसका आश्रय ले फैले,
मेरे हाथों की हैरानी।
वह पगध्वनि मेरी पहचानी!

13

ये ढूँढ रहे ध्वनि का उद्‍गम,
मंजीर-मुखर-युत पद निर्मम,
है ठौर सभी जिनकी ध्वनि सम,
इनको पाने का यत्न वृथा,
श्रम करना केवल नादानी।
वह पगध्वनि मेरी पहचानी!

14

ये कर नभ-जल-थल में भटके,
आकर मेरे उर पर अटके,
जो पग द्वय थे अंदर घट के,
थे ढूँढ रहे उनको बाहर
ये युग कर मेरे अज्ञानी।
वह पगध्वनि मेरी पहचानी!

15

उर के ही मधुर अभाव चरण
वन करते स्मृति-तट पर नर्तन,
मुखरित होता रहता बन-बन,
मैं ही इन चरणों में नूपुर,
नूपुर-ध्वनि मेरी ही वाणी।
वह पगध्वनि मेरी पहचानी!

आत्म-परिचय

1

मैं जग-जीवन का भार लिए फिरता हूँ,
फिर भी जीवन में प्यार लिए फिरता हूँ;
कर दिया किसी ने झंकृत जिनको छूकर
मैं साँसों के दो तार लिए फिरता हूँ!

2

मैं स्नेह-सुरा का पान किया करता हूँ,
मैं कभी न जग का ध्यान किया करता हूँ,
जग पूछ रहा उनको, जो जग की खाते,
मैं अपने मन का गान किया करता हूँ!

3

मैं निज उर के उद्‌गार लिए फिरता हूँ,
मैं निज उर के उपहार लिए फिरता हूँ;
है यह अपूर्ण संसार न मुझको भाता
मैं स्वप्नों का संसार लिए फिरता हूँ!

4

मैं जला हृदय में अग्नि, दहा करता हूँ,
सुख-दुख दोनों में मग्न रहा करता हूँ;
जग भव-सागर तरने को नाव बनाए,
मैं भव-मौजों पर मस्त रहा करता हूँ!

5

मैं यौवन का उन्माद लिए फिरता हूँ,
उन्मादों में अवसाद लिए फिरता हूँ,
जो मुझको बाहर हँसा, रुलाती भीतर,
मैं, हाय, किसी की याद लिए फिरता हूँ!

6

कर यत्न मिटे सब, सत्य किसी ने जाना?
नादान वहीं है, हाय, जहाँ पर दाना!
फिर मूढ़ न क्या जग, जो इस पर भी सीखे?
मैं सीख रहा हूँ, सीखा ज्ञान भुलाना!

7

मैं और, और जग और, कहाँ का नाता,
मैं बना-बना कितने जग रोज़ मिटाता;
जग जिस पृथ्वी पर जोड़ा करता वैभव,
मैं प्रति पग से उस पृथ्वी को ठुकराता!

8

मैं निज रोदन में राग लिए फिरता हूँ,
शीतल वाणी में आग लिए फिरता हूँ,
हों जिस पर भूपों के प्रासाद निछावर,
मैं वह खंडहर का भाग लिए फिरता हूँ।

9

मैं रोया, इसको तुम कहते हो गाना,
मैं फूट पड़ा, तुम कहते, छंद बनाना;
क्यों कवि कहकर संसार मुझे अपनाए,
मैं दुनिया का हूँ एक नया दीवाना!

10

मैं दीवानों का वेश लिए फिरता हूँ,
मैं मादकता निःशेष लिए फिरता हूँ;
जिसको सुनकर जग झूम झुके, लहराए,
मैं मस्ती का संदेश लिए फिरता हूँ!

□□□